Paul Schreckenbach

Luther und der Bauernkrieg - Inauguraldissertation, Leipzig

Paul Schreckenbach
Luther und der Bauernkrieg - Inauguraldissertation, Leipzig
ISBN/EAN: 9783743405776
Hergestellt in Europa, USA, Kanada, Australien, Japan
Cover: Foto ©ninafisch / pixelio.de

Paul Schreckenbach

Luther und der Bauernkrieg - Inauguraldissertation, Leipzig

Luther und der Bauernkrieg.

Inaugural-Dissertation

zur

Erlangung der Doktorwürde

der

philosophischen Fakultät der Universität Leipzig

eingereicht von

Paul Schreckenbach.

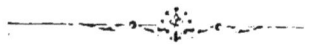

Oldenburg, 1895.
Schulzesche Hof-Buchdruckerei.
R. Schwartz.

Meinen lieben Eltern

in Dankbarkeit gewidmet.

Das Jahr 1525 bezeichnet einen der schärfsten Wendepunkte im Leben Luthers und in der Geschichte der deutschen Reformation. Denn der Kampf, den der Reformator in diesem Jahre gegen die gewaltige Erhebung der deutschen Bauernschaft durchfocht, änderte seine Stellung zum Volke von Grund aus und drängte auch das Werk seines Lebens in neue Bahnen. Der Held und Liebling des gemeinen Mannes ward dadurch, daß er in dem auflodernden Kampfe schroff und entschieden die Partei der herrschenden Klassen ergriff, den tiefsten Haß der Massen auf sich; auf viele Jahre hinaus wandten sich gerade die Kreise von ihm ab, die ihm bei seinem Auftreten am lautesten und freudigsten zugejubelt hatten.

So verlor Luther in dem verhängnisvollen Jahre einen großen Teil seiner bisherigen Freunde. Zugleich aber bot der Ausbruch des Bauernkrieges und die Haltung des Reformators ihm gegenüber seinen Feinden eine günstige Gelegenheit, ihn und seine Sache zu verleumden und zu schmähen. Wenige Jahre nach dem Anfang der kirchlichen Neuerung begann die Revolution der Bauern — Grund genug für die Gegner der evangelischen Sache, um Luther als den geistigen Vater, den eigentlichen Anstifter der wilden Bewegung hinzustellen [1]). Es half ihm nichts, daß er

---

[1]) Vergl. die Instruktion Herzog Georgs von Sachsen bei v. Höfler, Denkwürdigkeiten der hochberühmten Charitas Pirkheimer LXXIII. — Contra M. Lutherum et Luth. fautores dissert. IV. fol. 19. —

sich mit der ganzen Wucht seiner leidenschaftlichen Natur dem Aufruhr entgegenwarf. Denn nun hieß es, er habe das von ihm selbst verblendete und verführte Volk treulos und herzlos verraten, um seine Sache den siegenden Fürsten und Herren zu empfehlen [1]). Dazu erregte die mitleidlose Härte, mit der er in seiner Hauptschrift gegen die Bauern die Unterdrückung des Aufruhrs verlangt, schweren Anstoß nicht nur bei seinen katholischen Gegnern, sondern selbst in den Reihen seiner eifrigsten Bewunderer und Anhänger [2]).

Die meisten dieser zeitgenössischen Anklagen werden auch heute noch von den katholischen Historikern gegen Luther ins Feld geführt. Wagt man es auch im ganzen nicht mehr, die Kirchenreformation für den Ausbruch der bäuerlichen Revolution verantwortlich zu machen [3]), so erscheint Luther doch auch in allen katholischen Darstellungen unserer Zeit als der eifrigste Förderer und Schürer des Aufruhrs. Desgleichen wird der Vorwurf der Treulosigkeit sowie der einer unchristlichen Härte fast von allen katholischen Historikern aufrecht erhalten [4]).

Diese gegnerischen Anklagen Luthers sind von uns auf ihre Wahrheit hin zu prüfen. Denn sie bezeichnen in der That die Hauptfragen, die eine Untersuchung der Stellung Luthers im Bauernkriege zu beantworten hat. War Luther mitschuldig an der Revolution des Jahres 1525? Besaß er ein Recht dazu, jede innere und äußere Gemein-

---

[1]) Vergl. Janssen II, 585 ff., wo die Urteile des Erasmus, Emser und Cochlaeus gegeben werden.
[2]) Luther verfaßte, um sich deshalb zu rechtfertigen, eine eigne Schrift, den „Sendbrief an den mansfeldischen Kanzler Müller".
[3]) Vergl. hierüber das Urteil Janssens II, 420. Tendenziöse Schmähschriften, wie die bekannten „Briefe aus Hamburg" von „Gottlieb" kommen hierbei nicht in Betracht.
[4]) Vergl. Herrmann, M. Luthers Leben 121. Janssen widerspricht sich in diesem Punkte so, daß man aus ihm herauslesen kann, was man will.

schaft mit der Revolution abzuleugnen, zu behaupten, seine Sache hätte mit der Sache der Aufständischen nichts zu thun? Rechtfertigt sich die Art und Weise, wie er der Revolution entgegengetreten ist?

Auf diese Fragen wollen wir in der folgenden Abhandlung eine Antwort zu gewinnen suchen. Denn darauf kommt es bei der Beurteilung von Luthers Charakter an, dem die katholische Geschichtsschreibung durch ihre Darstellung der Sache einen häßlichen Makel anheftet, darum dreht sich der Streit, nicht um das, was Luther im Jahre 1525 geredet, geschrieben und gehandelt hat.

_____

A. Die Frage nach Luthers Anteil an der Revolution.

Die große Bauernerhebung des Jahres 1525 war eine sociale Revolution. So sehr auch die Führer der Bewegung bestrebt waren, den Kern ihrer Forderungen mit religiösen Redensarten zu umkleiden und ihrer Sache durch Berufung auf Gottes Wort die nötige göttliche Legitimation zu verleihen, so leicht lassen sich aus dieser Hülle von Worten und Phrasen die sehr realen Forderungen und Wünsche herausschälen, die ihre Seele bewegten. Der Vergleich mit der größten und folgenreichsten aller Revolutionen liegt hier besonders nahe. Wie die Banden Dantons und Robespierres unermüdlich das Schlagwort der rationalistischen Philosophie von den „Menschenrechten" wiederholen, so bildet die „Gerechtigkeit Gottes" das Feldgeschrei der Bauernhaufen in den religiös erregten Zeiten des ausgehenden Mittelalters.

Wenn wir aber auch die Motive der Volkserhebung auf einem ganz anderen Gebiete suchen als auf kirchlich-religiösem und den Bauernkrieg von 1525 als das letzte Glied in einer langen Kette ähnlicher Erscheinungen auffassen, so ist damit keineswegs gesagt, daß wir den kirchlichen Reformator von jeder Mitschuld an der Revolution freisprechen. Im Gegenteil sind wir der Meinung, daß Luther einen gewaltigen Anteil an der Revolution besaß. Daran vermögen die beliebten Beschönigungsversuche zahlreicher protestantischer Historiker nichts zu ändern[1]), das müssen wir unsern katholischen Gegnern um der Wahrheit willen einfach zugeben. Andererseits läßt es sich leicht beweisen, daß alle Förderung, die Luther der Revolution geleistet hat, von ihm selbst nicht im geringsten beabsichtigt war. Er hat seinen Standpunkt gegenüber der weltlichen Obrigkeit zwei Jahre vor dem Ausbruche der Bewegung klar und scharf auseinandergesetzt. Die beiden Schriften „Von weltlicher Oberkeit, wie weit man ihr Gehorsam schuldig sei" und „Eine treue Vermahnung zu allen Christen, sich zu hüten vor Aufruhr und Empörung" enthalten Luthers politisches Glaubensbekenntnis[2]). Hier verwirft er aufs entschiedenste jede Revolution als unchristlich und ungöttlich. Er spricht dem Volke jedes Recht eines aktiven Widerstandes gegen seine gottgeordnete Obrigkeit ab und gesteht ihm nur in dem einen Falle, wenn es sich um das Wort Gottes handle, das Recht eines passiven Widerstandes zu, ja, er fordert es von dem wahren Christen als Pflicht, Gott mehr zu gehorchen als den Menschen.

Es zeugt von maßloser Voreingenommenheit und Verblendung, daß die Mehrzahl der katholischen Schriftsteller angesichts dieser Schriften den Reformator als politischen „Demagogen und Aufrührer schlimmster Sorte", als „theologisch-politischen Garibaldi" darstellt[3]). Man kann viel-

---

[1]) Ein klassisches Beispiel dieser Art der Geschichtsbetrachtung bietet das im übrigen sehr verdienstvolle Buch „W. Walther, Luther im neusten römischen Gericht."

[2]) Eine kurze aber treffliche Zusammenfassung und Darlegung der bezüglichen Gedanken Luthers findet sich bei Köstlin, M. Luther I, 618—624.

[3]) Vergl. J. Wohlgemut, Dr. M. Luther, 113.

mehr in dem, was er hier sagt, eine zu weit getriebene Fügsamkeit gegen die weltliche Gewalt finden. Jedenfalls geht für jeden, der diese Schriften unbefangen prüft, unzweifelhaft daraus hervor, daß Luther von der Revolution, deren Kommen er wie viele andere seiner Zeitgenossen ahnte, nichts für seine Sache erwartete und ihr feindlich gegenüberstand. Trotzdem half er ihr die Wege bereiten, aber wider seinen Willen, ja ohne eine Ahnung davon zu haben.

Die Förderung, die Luther unabsichtlich der Revolution erwies, war eine doppelte. Sie geschah einmal durch seinen erfolgreichen Kampf gegen die größte der damaligen konservativen Mächte und zweitens durch die Art und Weise, wie er diesen Kampf durchführte.

Wenden wir uns dem ersten Punkte zu. Es ist ja leicht einzusehn, wie das furchtlose und siegreiche Vordringen des kirchlichen Revolutionärs den Mut der politischen Revolutionäre stärken mußte. Der uralte, festgegründete Bau der Kirche bebte in seinen Grundvesten unter den Schlägen eines geringen Mönches — was in der Welt schien unmöglich, wenn das geschah? Der Eindruck dieses Schauspiels auf die erregten Massen mußte ein ungeheurer sein.

Dazu kam, daß Luther seine Angriffe nicht nur gegen die Dogmen der päpstlichen Kirche richtete, sondern auch gegen den Klerus. Seine anfängliche Demut gegen die hohen Häupter der Kirche streifte er sehr rasch ab und lernte im Papste den Antichrist, in der Klerisei eine Stiftung des Teufels sehn. Die Romanisten und Pfaffen, die Cardinäle, Bischöfe und Priester erschienen ihm als Fälscher und Verstörer der Religion Jesu Christi, die Mönche als faule, unnütze Glieder der Gesellschaft, die das Volk bethörten und aussaugten. Mit flammenden Worten rief er die deutsche Nation auf, sich frei zu machen von dem Banne dieser Priesterschaft, damit Rom nicht fürderhin, wie seit Jahrhunderten, die thörichten Deutschen mit seinen Lügen narre und äffe.

Durch diesen Kampf wurde Luther der Held der „armen Rotte." Denn dadurch schien er sich zum Vollstrecker einer Forderung zu machen, die alle revolutionären Bewegungen seit der Mitte des XV. Jahrhunderts auf ihr Banner geschrieben hatten.

Die Behauptung Janssens, daß das antikirchliche und antiklerikale Element erst durch die Reformation in die bäuerliche Bewegung hineingetragen worden sei, ist gänzlich unhaltbar [1]. Der Pfaffenhaß war eine treibende Kraft in allen den bäuerlichen Aufständen, die ungefähr seit 1450 den Süden des Reichs immer und immer wieder beunruhigten. Denn mit vollem Rechte führt ein zeitgenössischer Gegner Luthers die sämtlichen Erhebungen des gemeinen Mannes in diesem Zeitraume auf den Einfluß der Hussiten zurück [2]. Wie M. Vogt in seiner „Vorgeschichte des Bauernkrieges" nachweist, beruhte bereits die merkwürdige Volksbewegung, die in der Person des „heiligen Jünglings" von Niklashausen ihren Mittelpunkt besaß, auf den theokratischen und socialistischen Ideen des Taboritentums [3]. Von Böhmen aus drang die Meinung in das Volk ein, daß die verweltlichte Papstkirche gar nicht die wahre Kirche Christi sei, und daß es ein verdienstliches Werk sei, die Vertreter dieser sündlichen Macht mit Feuer und Schwert zu verfolgen [4]. Der Ruf nach dem „Pfaffenschlagen" und „Klosterstürmen" gehört zu dem eisernen Bestande aller der Bauernprogramme,

---

[1] Janssen II, 457 ff.
[2] Contra M. Luth. et Lutheran. fautores f. 14.
[3] Vergl. hierzu auch F. v. Bezold, Gesch. d. deutschen Ref. 152 ff.
[4] Das Wallfahrtslied der Bauern, die aus Thüringen und Franken nach Niklashausen zogen, begann mit dem Verse:
  Wir wollen Gott vom Himmel klagen,
  Kyrie Eleyson,
  Daß wir Pfaffen nit sollen zu tot schlagen,
  Kyrie Eleyson.
Mitgeteilt bei Vogt, Vorgeschichte des Bkr. 80.

die uns bis zum Ausbruche des großen Bauernkrieges erhalten sind, er kehrt immer wieder, ebenso wie die volkstümlichen Prophezeiungen von dem großen Endgerichte über die entartete Kirche und dem Sturze des Papsttums[1]). Keineswegs ist also der Haß gegen die Geistlichkeit, der im großen Bauernkriege so wild aufflammte, durch die Reformation der Bewegung mitgeteilt worden. Er war längst vorhanden. Trotzdem läßt es sich leicht ermessen, wie Luthers Auftreten gegen Papst und Klerus auf diese Volkskreise wirken mußte. Er erschien ihnen als der große Vorkämpfer gegen einen glühend gehaßten Feind, die tiefe Kluft, die ihn von den Ideen der Revolution trennte, wurde zunächst gar nicht bemerkt. Die Männer der Revolution hatten in der That allen Grund, ihm dankbar zu sein. Denn mochte er sich auch noch so klar gegen die Anwendung von Gewalt erklären, mochte er immer den Aufruhr zu Gunsten des Evangeliums als „ein sonderliches gewisses Eingeben des Teufels" bezeichnen, es stand doch nun einmal nicht anders: Solange er fortfuhr den Klerus zu bekämpfen, führte er der Revolution immer neue Waffen zu. Er untergrub durch seine furchtbaren Angriffe auf die Priesterschaft die Macht und das Ansehen des Standes, der eines der stärksten Bollwerke gegen die Revolution war. Daraus kann ihm kein Mensch mit Recht einen Vorwurf machen, aber die Thatsache ist doch unleugbar. Wie wichtig dieser Dienst für die Revolution war, kann man sich deutlich vergegenwärtigen, wenn man bedenkt, daß damals ein Drittel deutschen Bodens unter geistlichen Landesherren stand, und daß gerade in diesen Gebieten der Groll und die Erbitterung des „armen Mannes" besonders hoch gestiegen waren. Wie mußte es auf die gedrückten, mit Lasten aller Art überbürdeten Unterthanen der Bischöfe, der Klöster und Stifte wirken, wenn sie von dem großen Evangelisten und Pro-

---

[1]) Vergl. v. Bezold, 138 ff.

pheten vernahmen, sie stünden in Gefahr durch solches „Teufelsregiment" nicht nur der zeitlichen Güter, sondern auch der ewigen Seligkeit verlustig zu gehn! — Dazu belehrte sie der Reformator, „daß eine christliche Versammlung der Gemeinde Recht und Macht habe, alle Lehre zu urteilen und Lehrer zu berufen, ein- und abzusetzen", und bewies ihnen „Grund und Ursache aus der Schrift"[1]). Warum sollten die Bauern, die solche Worte vernahmen, nicht versuchen ihr „Recht" nun auch in Wahrheit ihren geistlichen Tyrannen gegenüber zur Geltung zu bringen?

Es darf uns in der That nicht befremden, wenn Luther wegen seiner Haltung gegen die Priesterschaft für den natürlichen Bundesgenossen und Schürer der Revolution gehalten wurde[2]). Dieser Eindruck wurde bedeutend verstärkt durch den Ton und die Art seiner Polemik. In seiner Erbitterung ließ er sich von der ungezügelten Leidenschaftlichkeit seines Temperaments zu Ausdrücken fortreißen, die entschieden mißverständlich waren, die in dem Leser das Gefühl aufkommen lassen mußten, daß der Reformator der Revolution innerlich recht nahe stände. Es giebt Sätze in den lutherischen Schriften, die entschieden an die Sprache und an die Gedanken des „Neukarstenhans" erinnern. Die schrecklichen Schmähungen und Drohungen, die er gegen die Häupter der alten Kirche ausgehen ließ, hat Janssen mit der Sorgfalt und Gründlichkeit gesammelt, die er besonders da beweist, wo er von Luther und den Anhängern der

---

[1]) Diese Forderung Luthers finden wir später wieder an der Spitze der berühmten XII Artikel der Bauernschaft. Es ist durchaus wahrscheinlich, daß Luthers Schrift den Bauern diesen Gedanken zugeführt hat, denn er findet sich nur noch in der Beschwerde der Wendelsteiner Bauern aus dem Jahre 1524 (vergl. Stern, Über die XII Artikel der Bauern, 5), dagegen in keinem der vorlutherischen Bauernprogramme, cf. Cornelius, Stud. zur Gesch. des Bkr., Abh. der Kgl. Bayr. Akad. b. Wissensch. 0. Bd., 174.
[2]) Erasmi Hyperaspistes, I, 1032.

evangelischen Sache etwas Ungünstiges berichten kann. Es sei daher nur auf diese Blütenlesen lutherischer Grobheit und Unvorsichtigkeit verwiesen¹). Das Buch, aus dem Janssen hier vorzugsweise schöpft, die Schrift „Wider den falsch genannten geistlichen Stand des Papstes und der Bischöfe (1522), strotzt von verwirrenden, leicht mißzudeutenden Aussprüchen. Mehrfach legt Luther seine Freude darüber an den Tag, daß die Geistlichkeit in so großer Furcht und Sorge stehe, und erklärt geradezu, daß die ganze Priesterschaft vom Teufel sei und daß ihr „billig ein starker Aufruhr begegne."

Soviel nun auch von solchen Auslassungen des Reformators durch die allgemeine litterarische Roheit des Zeitalters zu entschuldigen ist — und so gerecht und richtig uns auch seine Vorwürfe gegen die entarteten Vertreter der Kirche erscheinen, so ist er dennoch für die zügellose Leidenschaftlichkeit seiner Polemik verantwortlich zu machen. Immerhin bleibt uns in seinem Kampfe mit dem Klerus diese wilde Heftigkeit vollkommen verständlich. Es wäre wunderbar, wenn ein Mann von Luthers Charakter sich nicht dazu hätte fortreißen lassen, im Streite mit einer Macht, die er für teuflisch und antichristlich hielt. Viel befremdlicher sind dagegen die oft höchst harten und verächtlichen Urteile über die weltliche Obrigkeit, die sich in seinen Schriften finden. Derselbe Mann, der das obrigkeitliche Amt als eine Stiftung und Ordnung Gottes pries, der alle Christen zur absoluten Unterwerfung unter die weltliche Gewalt in irdischen Dingen verpflichtete, überhäufte die Träger dieses Amtes mit rücksichtslosen Schmähungen. Was der sonderbare Defensor fidei, Heinrich von England, von ihm zu hören bekam, ist ja bekannt. Einen noch viel größeren Eindruck auf das Volk mußte seine schnöde Behandlung Georgs von Sachsen hervorbringen.

---

¹) Janssen II, 97—111. 218—227.

Es war auch in der damaligen Zeit etwas Unerhörtes, daß ein Unterthan den Vetter seines Landesherrn und einen benachbarten sehr angesehenen Reichsfürsten so zu behandeln wagte, wie es Luther bekanntlich that. In beiden Fällen hatte er es aber doch mit persönlichen Gegnern und offenbaren Feinden seines Werkes zu thun. Das erklärt zum großen Teil den heftigen Ton seiner Schriften gegen sie, denn Luther hat in allen seinen Feinden zu aller Zeit mit ehrlicher Überzeugung Werkzeuge des Teufels gesehn. Allein auch da, wo er ganz allgemein über Fürsten und Herren redet, sind seine Urteile höchst abfällig und unglaublich rücksichtslos. Das gilt besonders von seinem Buche über die weltliche Obrigkeit. Welch ein Unterschied hier zwischen Theorie und Praxis! Eine durchaus loyale Tendenz beherrscht die ganze Schrift, und dabei finden sich in ihr die grimmigsten Ausfälle gegen die Personen der Regenten. „Es ist ein seltsamer Vogel um einen klugen Fürsten, ein noch viel seltsamerer um einen frommen Fürsten," „sie sind gemeiniglich die größten Narren oder die ärgsten Buben auf Erden," von denen man sich nicht viel Gutes zu versehen hat. Der Ton der Schrift wird oft geradezu drohend: „Man wird nicht, man kann nicht, man will nicht eure Tyrannei und Mutwillen die Länge leiden. Liebe Fürsten und Herrn, da wißt euch nach zu richten, Gott wills nicht länger haben. Es ist jetzt nicht mehr eine Welt wie vorzeiten, da ihr die Leute wie das Wild jagtet und triebet. Darum laßt Gottes Wort seinen Gang haben, den es doch haben will, muß und soll und ihrs nicht wehren werdet. Ist Ketzerei da, die überwinde man, wie sichs gebührt, mit Gottes Wort. Werdet ihr aber viel Schwertzuckens treiben, so seht zu, daß nicht einer komme, der es euch heiße einstecken nicht in Gottes Namen." Allerdings werden alle diese Sätze, so revolutionär sie auch klingen, in ihrer Wirkung wieder aufgehoben durch die langen Ausführungen, in denen der Reformator Unterwerfung prebigt. Allein es war doch sehr naiv, der erregten Masse die greulichen Sünden ihrer Herren ganz offen darzulegen und in diesem Zusammenhang blinden Gehorsam einzuschärfen. — Noch viel weiter ging Luther in einer Schrift, die sich gegen den ungünstigen Reichstagsabschied von Nürnberg richtete (1525). Mit furchtbarer Heftigkeit wendet er sich gegen „Zwei kaiserliche uneinige und widerwärtige Gebote den Luther betreffend." Der Mann, der seit drei Jahren geächtet war, nannte hier öffentlich den Kaiser einen „armen sterblichen Madensack, der sich unverschämt rühmet, er sei der wahre, oberste Beschirmer des christlichen Glaubens." Er droht den „trunkenen und tollen Fürsten" ein schreckliches Gottesgericht an, er warnt davor, gegen den Türken zu ziehn, der zehnmal klüger und frömmer sei als die deutschen Fürsten, diese „tollen, thörichten, unsinnigen, rasenden, wahnsinnigen Narren," und er bricht endlich in den Ruf aus: „Gott erlöse uns von ihnen und gebe uns aus Gnaden andere Regenten! Amen."

Diese Beispiele mögen genügen, Luthers Sprache zu kennzeichnen. Wenn er in seiner Schrift wider den Aufruhr darauf hinweist, daß die Anwendung von Gewalt in Sachen des Evangeliums den Feinden nur Stoff zur Lästerung und Verdächtigung biete, so hätte er selbst auch bedenken sollen, welche Waffen er seinen Gegnern durch derartige unvorsichtige Äußerungen in die Hand gab, und mehr noch, welches Unheil er dadurch thatsächlich anrichtet. Er wußte es wohl, daß er der Held der Nation war, daß sein Wort schwerer in das Gewicht fiel als alles, was sonst geredet und geschrieben wurde. Er hätte es der Masse des Volkes, deren tiefe Erregung er kannte, nie zumuten sollen, solche Reden aus seinem Munde anzuhören.

Es wird uns aber aus dem Vorhergesagten gewiß klar, wie die Männer der Revolution dazu kommen konnten, auf ein günstiges Urteil des Reformators in ihrer Sache zu hoffen. Daß sie das thaten, leidet keinen Zweifel, denn sein Name steht an erster Stelle in der Reihe derer, denen sie die Entscheidung überließen, ob ihre Artikel mit Gottes Wort in Einklang ständen oder nicht. Hätten sie die furchtbare Antwort vermutet, die der Reformator ihnen gab, sie hätten nimmermehr seine Vermittelung angerufen. Aber daß der große kirchliche Befreier ihnen als Feind entgegentreten werde, dessen hatten sie sich nicht versehen. Sie hatten aus seinem Munde gehört, daß ihre Fürsten Narren und Buben, ihre Geistlichen Werkzeuge des Teufels seien. War es da zu verwundern, daß die gedrückten Leute, die zum Schutze gegen unerträgliche Lasten die Waffen ergriffen, auf seine Sympathien rechneten? War er doch noch dazu ihres Blutes. —

Dennoch that Luther nur das, was er seiner ganzen Weltanschauung nach thun mußte, als er entschieden gegen den Aufruhr Stellung nahm. Das „Evangelium" der Bauern hatte wenig gemein mit seinem Evangelium. Er hatte, trotz seines Anteils an der Erregung der Massen, von dem er keine Ahnung hatte, doch innerlich keine Gemeinschaft mit den Männern, die das Banner der Revolution entfalteten. Es wird im Folgenden darzulegen sein, aus welchen Gedankenkreisen die hauptsächlichen Ideen, die Wünsche und Forderungen der Volksbewegung hervorgingen. Das wird uns am besten beweisen, wie weit Luther von ihnen entfernt war. Sie sind die Consequenz einer Weltanschauung, der Luther zeitlebens feindlich gegenübergestanden hat.

B. Das Evangelium der Bauern.

Die Bauernrevolution des Jahres 1525 brach fast zu gleicher Zeit in zwei verschiedenen Gegenden Deutschlands aus, in Oberdeutschland und in Thüringen. Wer diese beiden Bewegungen auch nur oberflächlich betrachtet, dem treten dennoch sogleich eine Reihe sehr augenfälliger Unterschiede entgegen.

Der süddeutsche Aufruhr entstand an verschiedenen Orten und hat nie eine einheitliche Leitung gehabt. Die einzelnen Haufen der Aufständischen schlossen zwar Verträge und traten in ein Bundesverhältnis, aber von der Anerkennung eines einheitlichen Hauptes war keine Rede. Das Gemeinsame aller dieser Haufen waren die XII Artikel, sonst verband sie nur die gleiche Not und der gleiche Haß. Ganz anders war es in Thüringen. Hier besaß die Revolution von vornherein einen Mittelpunkt in der Person des düstern, fanatischen Propheten von Mühlhausen, Thomas Münzer. Er hat in Mitteldeutschland den Aufruhr vorbereitet und entfesselt, und der ganze thüringische Bauernkrieg trägt das Gepräge seines Geistes.

Von Münzers religiösen Ideen und seiner Wirksamkeit besitzen wir ein völlig deutliches Bild, denn seine Schriften sind zum größten Teil erhalten, und es mangelt nicht an Berichten von Zeitgenossen, allerdings meist von Gegnern. Er war ohne Zweifel einer der bedeutendsten Vertreter jener großen geistigen Strömung, die wir unter der gemeinsamen Bezeichnung des Täufertums zusammenfassen, weil in der Wiedertaufe ihr gemeinsames Symbol und zugleich ihre radikalste Forderung lag.

Demgemäß zeigt auch die Revolution in Thüringen, äußerlich angesehn, einen ganz andern Charakter als die Bewegung in Süddeutschland. Die Motive religiöser Schwärmerei treten in Thüringen viel stärker hervor als in Schwaben und Franken. In den Forderungen der süddeutschen Bauern, vor allem in den berühmten XII Artikeln, stehen die religiösen Ideen scheinbar ganz zurück hinter höchst konkreten wirtschaftlichen Wünschen. Münzer dagegen machte den Versuch, von Mühlhausen aus eine Theokratie zu gründen, er that also im Wesentlichen dasselbe, was neun Jahre später die täuferischen Schwärmer in Münster thaten.

Man ist in Folge dieser Beobachtung leicht geneigt,

in dem Münzerschen Aufruhr eine ganz selbständige Erscheinung zu sehn, die mit der gleichzeitigen, ihrem Umfange nach viel größeren Bewegung im Süden des Reiches nur einen losen, äußerlichen Zusammenhang gehabt habe. Um so größere Beachtung verdient die Thatsache, daß Luther zwischen den beiden Bewegungen nie einen Unterschied gemacht hat. Er hat in den XII Artikeln denselben Geist wirksam gefunden, den er schon in Münzer bekämpft hatte.

Luther trat zum ersten Male im Juli 1524 dem thüringischen Propheten öffentlich entgegen, und damit begann sein Kampf gegen die Revolution. Die Ideen, die in Thüringen die Köpfe verwirrten, verurteilte er in einem offenen Briefe an die Fürsten zu Sachsen, dem „Sendbrief wider den allstedtischen Geist". Wie er in dieser Schrift das Einschreiten der Landesherrn wider das revolutionäre Wühlen und Treiben fordert, so suchte er einen Monat später den täuferischen Propheten auch von der Stätte seiner neuen Wirksamkeit zu entfernen durch das „Sendschreiben an den Rat und die Gemeine zu Mühlhausen".

Schließlich gehört hierher noch seine Schrift „Wider die himmlischen Propheten", in deren erstem Teile er die Schwärmereien der „Rottengeister" eingehend und heftig bekämpfte.

Einige Monate später, Mitte April 1525, griff er auch in die süddeutsche Bewegung ein. Er selbst motiviert sein Schreiben damit, daß er als ein Lehrer des göttlichen Wortes dazu berufen sei, und daß ihn noch dazu die Bauern selbst um sein Urteil ersucht hätten. Er durfte auf keinen Fall schweigen, denn bereits erhoben die Feinde triumphierend ihre Stimme und erklärten ihn für den eigentlichen Anstifter der Revolution. — So schrieb er seine „Ermahnung zum Frieden auf die XII Artikel der Bauern in Schwaben". Von politischem Standpunkt aus betrachtet, hatte natürlich eine solche Ermahnung gar keinen Sinn. Die Ereignisse waren bereits auf einem Punkte angelangt, auf dem jede friedliche Lösung ausgeschlossen war. Die Herrn und Fürsten konnten dem bewaffneten Aufruhr gegenüber nicht mehr nachgeben. Ebenso war es für die erbitterten Massen eine sonderbare Zumutung, jetzt friedlich nach Hause gehn zu sollen und in Demut auf eine etwaige Sinnesänderung derer zu warten, deren hartes Willkürregiment der Reformator im ersten Teile seiner „Ermahnung" selbst anschaulich schildert. Natürlich fiel es denn auch auf beiden Seiten niemand ein, Luthers Vorschläge irgendwie zu beachten. Aber für das Verständnis der Stellung Luthers zur Revolution ist die Ermahnung von der größten Wichtigkeit. Denn eben aus dieser Schrift geht ganz unwiderleglich hervor, daß Luther die XII Artikel, das Hauptprogramm der ganzen süddeutschen Bewegung, für ein Produkt des „schwärmerischen" Geistes ansah. Er wirft den Bauern vor, daß der „so ihre Artikel gestellet hat", jedenfalls ein „rottischer Prophet" gewesen sei, und glaubt den Einfluß der „Mordpropheten" und „Rottengeister" in dem ganzen Schriftstücke zu erkennen. Damit kann er niemand als die täuferischen Apostel gemeint haben[1]). Hat er mit dieser Behauptung Recht gehabt? Auffallend ist sie auf jeden Fall. Denn wie verschieden sind schon in der Sprache diese maßvollen, der Hauptsache nach klaren Artikel von der oft dunkeln leidenschaftlichen Redeweise der Schwärmer, besonders Münzers. Aber auch ihrem Inhalte nach treten sie uns zunächst als ein radikales wirtschaftliches Programm entgegen, verbrämt mit etlichen religiösen Floskeln, und die Forderungen, die sie stellen, entsprechen so sehr unsern

---

[1]) Luther braucht diese Bezeichnungen häufig von den „Schwärmern" in seiner Schrift „Wider die himmlischen Propheten". In der Ermahnung zum Frieden findet sich auch dieselbe Forderung, die er in dem Sendschreiben an die Mühlhäuser erhebt: Wollen die Propheten eine neue Ordnung der Dinge einführen, die in der Schrift nicht begründet ist, so müssen sie auch Zeichen und Wunder thun, um sich und ihre Sache als göttlich zu bestätigen. —

heutigen Begriffen von Menschenrecht und Menschenwürde, daß wir von vornherein geneigt sind, sie mit den günstigsten Blicken anzusehn. Hatte Luther trotzdem recht, wenn er sie als eine Frucht täuferischen Geistes angriff?

Es ist zweifellos: Wenn es erweisbar ist, daß das hervorragendste Dokument der Revolution auf täuferischer Grundlage beruht, so ist Luther im Rechte, wenn er jede innere Gemeinschaft mit dem Aufruhr in Abrede stellte. Daß er die Revolution nicht gewollt hat, geht aus seiner Schrift über die weltliche Obrigkeit hervor. Daß aber die Revolution in der That nicht von ihm ihre Anregung empfangen, aus seinen Lehren ihre Ideen geschöpft hat, das kann nur eine Prüfung dessen erweisen, was die treibende Kraft in der Bauernbewegung wirklich war.

Da nun Luther ausschließlich gegen die XII Artikel polemisiert — ob er ein anderes bäuerliches Programm überhaupt gekannt hat, weiß man nicht, ist auch an sich unwahrscheinlich, da alle übrigen nur lokale Bedeutung hatten — so haben wir nach der Grundlage und Herkunft dieses Dokumentes vornehmlich zu fragen.

Bisher hat man die Frage nach der Herkunft der XII Artikel dadurch zu lösen gesucht, daß man nach ihrem Verfasser forschte. Es ist indessen noch nicht geglückt, die Autorschaft irgend eines der zahlreichen Candidaten, die man auf die Liste gesetzt hat, zwingend nachzuweisen[1]).

---

[1]) Stern hat in seiner Abhandlung „Über die XII Artikel der Bauern" 13—46 nachgewiesen, daß Schappeler, Hemglin, Weigand, Münzer und Fuchsstein die Artikel schwerlich verfaßt haben können. Seine Ansicht aber, daß Hubmeier ihr Verfasser sei (cf. 139—149) ruht auch auf schwachen Füßen. — Vergleiche ferner zu dieser Frage: Cornelius, Studien zur Gesch. d. Wtr. 148 ff. E. Rohling: Die Reichsstadt Memmingen in der Zeit der evang. Volksbewegung 75 ff. — W. Zimmermann: Gesch. d. Bauernkr. II, 520 ff. — Strobel, Miscellaneen z. G. d. Wtr. 75 ff. — K. Walgner: Joh. Hemglin,

Dagegen scheint allerdings als der Ort ihrer Entstehung oder wenigstens ihrer letzten Redaktion Memmingen feststehn[1]). Für unsern Zweck aber ist die Autorfrage von untergeordneter Bedeutung. Luther selbst hat zu der Zeit, als er seine „Ermahnung" schrieb, den Verfasser offenbar nicht gekannt, denn er sagt ganz allgemein: „Es hat die Bauernschaft, so sich jetzt im Schwabenlande zusammengeworfen, zwölf Artikel von ihren unerträglichen Beschwerungen gegen die Obrigkeit gestellt[2])".

Später hat er und der gesamte Kreis der Wittenberger Reformatoren eine jedenfalls irrige Ansicht über diese Frage gehegt[3]). Wenn er trotzdem die Artikel kurzweg für „schwärmerisch" erklärt, so muß er diese Ansicht aus dem Dokumente selbst geschöpft haben. Es ist nun eben die Frage, ob er das mit gutem Grunde gethan hat, und ob man das überhaupt thun kann.

Zur Lösung dieser Frage liegt uns eine doppelte Aufgabe ob. Wir müssen erstens die einzelnen religiösen Ideen, die in den zwölf Artikeln erkennbar sind, genau feststellen, und zweitens müssen wir nachweisen, daß diese Ideen sich in den täuferischen Schriften der vorhergehenden Zeit schon vorfinden. Gelingt das, so ist der Beweis für die Abhängigkeit des bäuerlichen Hauptprogramms vom Täufertum erbracht, soweit sich überhaupt ein solcher Beweis erbringen läßt.

---

72 ff. — Baumann, Akten z. Gesch. d. d. Bauernkr. N. 285 f. — J. E. Jörg, Deutschland in d. Revolutionsperiode von 1522—26, 31 ff. —

[1]) v. Bezold, Gesch. der deutschen Ref. 470 f. — Baumann, Acten Note 257. Dagegen Stern, Über die XII Art. 129—139.

[2]) Vergl. dazu auch Melanchthon Corp. Reform. XX, 651. „Erst wollt ich, daß der die Artikel geschrieben hat und soviel schrifft fälschlich angezogen, daß derselbe seyn Namen hinzugeschrieben hätte".

[3]) cf. Zwingl. epist. ed. Schuler et Schulthess, p. 417. Der hier erwähnte „Sertorius" ist Chr. Schappler aus Memmingen.

Denn der Verlauf geistiger Strömungen läßt sich allerdings nicht bis ins kleinste abmessen. Mit absoluter Gewißheit wäre die Abhängigkeit der zwölf Artikel von der täuferischen Bewegung nur dann darzuthun, wenn sich wörtliche Entlehnungen aus irgend einem der täuferischen Werke nachweisen ließen. Allein eine derartige Abhängigkeit findet sich fast gar nicht und ist durch die kurze gedrängte Form der Artikel auch schon von vornherein ausgeschlossen.

Erschwert wird der Beweis noch durch einen besonderen Umstand. Bei aller Verschiedenheit der Grundanschauung zeigen doch die Schriften des Täufertums in manchen einzelnen Zügen eine unleugbare Verwandtschaft mit den großen reformatorischen Bewegungen, die von Wittenberg und Zürich ausgingen. Theokratische Ideen sind z. B. auch Zwingli nicht fremd. Treten uns nun in den zwölf Artikeln derartige Gedanken entgegen, die nicht ausschließlich täuferisches Gut sind, so ist es für uns eine völlige Unmöglichkeit, den eigentlichen Ursprung dieser Gedanken nachzuweisen. Denn durch eine solche Untersuchung würden wir ganz notwendigerweise wieder auf die leidige Verfasserfrage hingedrängt, die nun einmal nach dem Stande unserer heutigen Kenntnis der Verhältnisse nicht zu lösen ist. Man müßte dann feststellen, wer den betreffenden Gedanken in das Dokument hineingebracht hat, ob etwa der zwinglianische Schappeler oder der Münzerisch beeinflußte Hubmeier, und damit wären wir eben bei der Autorfrage angelangt.

Trotzdem bleibt ein Beweis in unserm Sinne möglich. Denn wenn die meisten und markantesten religiösen Ideen des Programms nachweisbar täuferisch sind, so wird man unter dem Verfasser (oder auch unter den Verfassern) dieser Artikel sich eben doch „Schwärmer" denken müssen. Und darauf kommt es hier an, nicht auf irgend einen Namen, denn dann hat Luther recht mit seiner Behauptung.

Es erübrigt noch ein Wort darüber zu sagen, was wir unter Täufertum verstehn. Wir fassen in diesem Namen alle die geistigen Strömungen zusammen, die auf die Gründung eines sichtbaren Reiches der „Wiedergeborenen" oder der „Gotteskinder" hinzielten, womit bei den meisten die Forderung einer gewaltsamen Umgestaltung der verderbten menschlichen Gesellschaft auf Grund des Schriftwortes oder besonderer göttlicher Inspiration aufgestellt, bei andern eine bloße Absonderung der Heiligen von der sündigen Welt verlangt wird. Alle Häresien, die diesen Gedanken verfolgen, fallen unter den Gesamtbegriff des „evangelischen Radikalismus" oder des „Täufertums", mögen sie nun die schroffste Form der Lossagung von der Kirche, die Wiedertaufe, angenommen haben oder nicht.

Der religiöse Inhalt der zwölf Artikel.

I. Ihre Stellung zur heiligen Schrift und dem „göttlichen Rechte".

Da die zwölf Artikel das Recht ihrer Forderungen stets durch das Wort Gottes zu begründen suchen, so ist es wohl das Gegebene, die Darstellung ihres religiösen Inhaltes mit einer Klarlegung ihrer Stellung zur Schrift zu beginnen.

Die Vorrede[1]) hebt an mit einer Abwehr des Vorwurfs, daß der Aufruhr eine Frucht des „Neuen Evangeliums" sei. Dieses Urteil können nur „Widerchristen" und „Feinde des Evangeliums" fällen. Denn das Evangelium ist „eine Rede von Christo, dem verheißenen Messia, welches Wort und Leben nichts denn Lieb, Fried, Geduld und Einigkeit lehrt. Also auch alle, die an diesen Christum glauben, werden lieblich, friedlich, geduldig, einig".

---

[1]) In verschiedenen Ausgaben der Artikel fehlt diese Vorrede. In dem Exemplar aber, das Luther vorlag, war sie zweifellos enthalten.

Dieses Evangelium wollen die Bauern gepredigt haben „ohn allen menschlichen Zusatz, Lehre und Gebot", dazu brauchen sie Geistliche, daß sie ihnen „den wahren Glauben einbilden[1]) und in ihnen bestäten". „Denn wenn seine Gnade in uns nicht eingebildet wird, so bleiben wir stets Fleisch und Blut, was denn nichts nütze ist; wie klärlich in der Schrift steht, daß wir allein durch den wahren Glauben zu Gott kommen können und allein durch seine Barmherzigkeit selig müssen werden". (Art. I.)

In soweit stimmen also die Bauernartikel mit der reformatorischen Lehre von der Schrift ganz überein. Sie fordern eine Verkündigung des reinen, lauteren Gotteswortes ohne allen menschlichen Zusatz, und sie sprechen die Lehre von der Rechtfertigung allein durch den Glauben und durch Gottes Gnade und Barmherzigkeit mit größter Deutlichkeit aus. Als der Hauptinhalt der Schrift gilt ihnen ebenso wie Luther „das Wort und Leben" Christi und als das Wesentliche am Christenthum die Liebe. Selbst die Definition von der Berechtigung des geistlichen Amtes im I. Artikel ist ganz lutherisch. Von irgend einem priesterlichen Vorzug des Pfarrers ist nicht die Rede, die Verwaltung eines nur von ihm vollziehbaren Sakraments wird nicht erwähnt. Der Pfarrer ist ihr „Fürgeher" im christlichen Leben, der Prediger des reinen Evangeliums. Also in der Verkündigung des Wortes liegt sein Amt, er ist „dergestalt in der Schrift gegründet".

Das Schriftverständnis somit, das sich in der Vorrede und etwa noch im ersten Artikel ausspricht, muß man als

---

[1]) Das Wort „einbilden" in der Bedeutung „einprägen" ist durch die Mystik (Eckhardt) in den Sprachgebrauch eingeführt. Es findet sich in demselben Sinne in verschiedenen Schriften des Täufertums, aber auch sehr häufig bei Luther. Man kann demnach nicht einen wörtlichen Anklang an irgend welchen täuferischen Satz konstatieren. Nach den beigefügten Marginalien sollte man übrigens erwarten: „Wenn sein Geist uns nicht eingebildet wird".

ein ganz reformatorisches bezeichnen. Allein diese Gedanken treten in den eigentlichen Artikeln vor einer völlig andern Auffassung der Schrift gänzlich zurück. Die Schrift[1]) wird nämlich in diesen Sätzen so aufgefaßt und angewendet, als ob sie die Regeln und Gesetze für die Einrichtungen des socialen Lebens enthielte.

So wollen die Bauern den „rechten Zehent" geben, denn er ist „aufgesetzt" im alten Testamente. Obwohl dasselbe durch das neue eigentlich aufgehoben ist[2]) und daher eine Verpflichtung zu seiner Darbringung im strengen Sinne nicht besteht, wollen ihn die Bauern nichts desto minder geben, doch „wie sichs gebührt".

Der kleine Zehnte soll gar nicht gegeben werden, weil er „von Menschen erdichtet ist"; „denn Gott hat das Vieh den Menschen frei erschaffen". Ebenso soll die Leibeigenschaft aufgehoben werden, denn es „erfind sich mit der Schrift, daß wir frei sein". Wolle man sie aber nicht freiwillig der Hörigkeit entlassen und sie weiterhin „für eigene Leute" halten, so soll man „uns im Evangelio erweisen, daß wirs sein". Unrecht ist es auch, daß dem

---

[1]) „Schrift", „Evangelium", „Wort Gottes", sind Synonyma, wie aus dem Schluß vom Artikel III und IV hervorgeht. —

[2]) Das „erfüllet" im II. Artikel kann nichts anders heißen, obwohl man nach Matth. 5, 17 und 18 das Gegenteil annehmen sollte. Aber die Rede fährt fort mit „nichts desto minder", und überdies geht der Sinn der Stelle aus dem II. Art. jener Eingabe der Memminger Bauernschaft an den Rat hervor, wie Cornelius unwiderleglich nachgewiesen hat. (Cornelius, Studien zur Gesch. d. Btrs. Abhandl. der kgl. Bayr. Akad. b. W. S. 175 ff.) Dort heißt es: — „wir sollen hinfür keine Zehnden mer zu geben schuldig sein, dieweil uns das heilig neue testament nit dazu verbint". Die Auffassung, daß die äußerlichen Gesetze des alten Testaments für die Christenheit nicht bindend seien, besaß auch Luther. Die Gesetze, die in den Büchern Mosis stehen, gelten nach seiner Ansicht nur in sofern, als sie mit dem „natürlichen Recht" zusammenfallen; so vor allen die zehn Gebote. Im übrigen sind die Bücher Mosis „der Juden Sachsenspiegel". (Vergl. die Schrift: „Wider die himmlischen Propheten"). —

„armen Mann" das freie Jagdrecht und freie Fischerei in allen fließenden Gewässern vorenthalten wird. Das ist „dem Worte Gottes nicht gemäß". (Art. IV.) Selbst die Beschwerungen „der Holzungen halben" sollen „nach Gestalt der Sachen und Erkenntnis der brüderlichen Lieb und heiligen Schrift" verglichen werden. (Art. V.) Die willkürliche Mehrung von Lasten und Diensten ist verwerflich, und niemand ist verpflichtet, mehr zu leisten, als seine Eltern geleistet haben „nach Laut des Wortes Gottes". Das Besthauptrecht soll ganz ab sein, denn „Gott will es nicht haben".

Im zwölften Artikel wird endlich noch gesagt, daß jeder dieser Artikel „tot und ab sein und nichts mehr gelten" solle, wenn man den Nachweis führen könne, daß er „dem Worte Gottes nicht gemäß sei — was wir denn nicht vermeinen". Der Artikel schließt mit dem bedeutungsvollen Zusatz: „Dergleichen, ob sich in der Schrift mit der Wahrheit mehr Artikel erfinden, die wider Gott und Beschwerung des Nächsten wären, wollen wir uns auch fürbehalten und beschlossen haben".

Die Schrift ist die Norm für die wirtschaftliche und gesellschaftliche Ordnung. — Dieser Grundsatz leuchtet doch aus allen diesen angeführten Stellen deutlich hervor. Dem gegenüber erscheint die Definition des Schriftinhaltes in der Einleitung nur als eine religiöse Floskel, die zu dem ganzen Sinne und Geiste der Artikel wenig stimmt. Hat man es sich wirklich so zu denken, wie Baumann sagt, daß nämlich „als Dirigent hinter den Bauern bei Aufstellung der zwölf Artikel der Memminger Reformatorenkreis thätig war", so ist nach dem Schriftverständnis, das sich in den zwölf Artikeln findet, ein Doppeltes möglich. Entweder vermochten die Memminger Reformatoren ihre Ansicht von dem Wesen der Schrift andern Einflüssen gegenüber bei Abfassung des Programms nicht durchzubringen, oder sie wichen in diesem Punkte selbst von den reformatorischen Gedanken Luthers und Zwinglis ab. Eines ist so gut möglich wie das andre; wir wissen zum Beispiel von Schappeler, daß er schon vor 1525 behauptet hatte, der Zehnte sei nicht im **göttlichen Rechte** begründet[1]).

Woher stammt nun im letzten Grunde die Auffassung der heiligen Schrift, die in den zwölf Artikeln überall zu Tage tritt? Taucht irgendwo vorher schon das Bestreben auf, die heilige Schrift zur Norm und Regel des gesammten öffentlichen Lebens zu machen? Und wenn dies der Fall ist — können wir die zwölf Artikel irgendwie als von solchen früheren Bestrebungen abhängig nachweisen?

Es ist wohl unbedingt richtig, daß eine ganz ähnliche Schriftbetrachtung schon in den waldensischen Gemeinden des XII. Jahrhunderts lebendig war[2]). Allein in Deutschland war zwar die waldensische Bewegung im dreizehnten Jahrhundert eine sehr mächtige gewesen und hatte sich über den Süden des ganzen Reiches erstreckt[3]), war aber im sechszehnten Jahrhundert schon fast gänzlich erloschen[4]). Jedenfalls existierten zur Zeit der Reformation auf deut-

---

[1]) J. G. Schelhorn, Kurze Reformationshistorie der kaiserl. freyen Reichsstadt Memmingen 64. —

[2]) Vergl. Schelhorn, Ref. Historie 64. — Der gleichzeitige Chronist Fridolin Sicher zu St. Gallen berichtet dasselbe. Vergl. Rohling: Die Reichsstadt Memmingen in der Zeit der evangelischen Volksbewegung S. 127.
M. Preger, Beiträge z. Gesch. d. Wald. im M. A., Abhdl. d. kgl. Bayr. Akad. d. W. XIII, 1. — K. Müller, die Waldenser und ihre einzelnen Gruppen, Theol. Stud. u. Krit. 1886, IV u. 87, I, 100.
Palacky, Über die Bezieh. der Waldenser zu der ehemaligen Sekte in Böhmen, 20 ff.
K. Schmidt, Reg. sect. Waldens., Zeitschr. f. histor. Th. XXII, 238.

[3]) Vergl. K. Müller: Die Waldenser und ihre einzeln. Gruppen bis zu Anfang des 14. Jahrhunderts.

[4]) Über die Verfolgungen der deutschen Waldenser. Vergl. G. Fr. Ochsenbein: Aus dem schweizer Volksleben des 15. Jahrhunderts.

schem Boden nur noch ganz kümmerliche Reste der Waldenser im Verborgenen, und sie waren ohne jede Bedeutung für weitere Kreise.

Dagegen waren schon im fünfzehnten Jahrhundert die niedern Volksschichten aufs tiefste beeinflußt worden durch die Lehren einer Häresie, die noch viel entschiedener, als die Waldenser es gethan hatten, die Schrift als das Gesetzbuch des bürgerlichen Lebens hinstellte. Das war das böhmische Taboritentum[1]). Die taboritische Bewegung hat zwar mancherlei Verwandtes mit mittelalterlichen Idealen des Katholicismus zum Beispiel mit dem Minoritentum. Aber sie bietet doch auch etwas vollständig Neues. Denn bei den Minoriten und ähnlichen Gesellschaften erscheint das schriftgemäße Leben, das gefordert wird, als nicht möglich ohne gänzlichen Verzicht auf alle Erdengüter, es ist stets verbunden mit Weltverneinung. Im Taboritentum dagegen wird der Versuch gemacht, **die menschliche Gesellschaft selbst, das staatliche und sociale Leben nach den Gesetzen der Schrift zu reformieren**[2]).

Wir wissen, auf welch fruchtbaren Boden die Lehren des hussitischen Radikalismus in Deutschland fielen. Der Einfluß des „böhmischen Giftes" auf das Reich läßt sich bereits in der ersten Hälfte des XV. Jahrhunderts nachweisen. Im Jahre 1438 erschien eine Schrift in deutscher

---

[1]) Vergl. zu dem Folgenden: Vogt: Die Vorgeschichte des Bauernkriegs. — Zöllner: Zur Vorgeschichte des Bkrgs. — von Bezold: Zur Geschichte des Hussitentums. —

[2]) Das Schriftverständnis der Taboriten ist aus keinem ihrer Programme so deutlich zu erfehn, wie aus den Artikeln, die sie im August 1420 dem Prager Rate übersandten. Dort werden die Mißbräuche des öffentlichen Lebens, die auf Grund des göttlichen Wortes abgestellt werden sollen, aufgezählt und gefordert: Ut iura paganica (das römische Recht) et Teutonica, quae non concordant cum lege Dei, tollantur et iure divino ut regatur, indicetur et totum disponatur. Vergl. Höfler, Geschichtsschreiber des Hussitentums in Böhmen I, 386.

Sprache, die zum guten Teil von taboritischem Geiste getragen war, und die für die Folgezeit von der größten Bedeutung gewesen ist — die sogenannte „Reformation des Kaisers Sigismund". Hier zum ersten Male tritt uns das später so berühmt gewordene Schlagwort von dem „göttlichen Recht" oder der „Gerechtigkeit Gottes" entgegen. Dies Wort bedeutet eine Zusammenfassung aller der Rechte, die der „edle freie Christ" nach der „göttlichen Ordnung" besitzt, wie es die heilige Schrift bezeugt. Ohne Hinblick auf das geschichtlich Gewordene wird also dem Christen a priori aus seiner Stellung als Gotteskind eine Summe socialer Rechte zuerteilt, und das Buch, in dem diese Rechte verzeichnet stehn, ist natürlich die heilige Schrift. Wo uns in der folgenden Zeit dieses Schlagwort begegnet — und es ging nicht wieder verloren — dürfen wir also von vornherein auch die dazu gehörige Auffassung der Bibel voraussetzen. Es taucht auf in der Predigt des Propheten von Niklashausen, und es kehrt in fast allen Bauernaufständen wieder, die der Erhebung von 1525 vorausgingen. Die Führer des Bundschuhs von Lehen, die den Ruf nach der „Gerechtigkeit Gottes" auf ihre Fahne geschrieben hatten, erbieten sich auch das Recht ihrer Forderungen „aus der heiligen Geschrifft" schriftlich zu beweisen[1]). Diese Bewegung wurde bekanntlich im Keime erstickt, aber noch im Jahre 1517 mußte man eine Bauernverschwörung unterdrücken, die ihre Fäden „über alles Land zwischen Schwarzwald und Vogesen" gesponnen hatte, und die genau dieselben Tendenzen verfolgte. Merkwürdigerweise zeigt sich in den Anfängen des großen Bauernkrieges überhaupt kein religiöses Element, auch von einer Berufung auf das „göttliche Recht" ist nicht die Rede. Erst während des Winters 1524/25 kam dieses Schlagwort in die Bewegung hinein[2]).

---
[1]) v. Bezold, Gesch. d. deutschen Reformation 155.
[2]) Die Beschwerden der Stühlinger Bauern sind rein wirtschaftlicher Natur, bei Zimmermann, Gesch. d. Bkr. I, 252. —

Es liegt nun allerdings nahe, die Einführung des religiösen Elementes auf die Wirksamkeit Münzers zurückzuführen, der sich in diesen Monaten gerade in Süddeutschland aufhielt und eine bedeutende agitatorische Thätigkeit entfaltete. Es ist möglich, denn Münzer hatte eine ganz taboritische Anschauung von der Schrift und dem göttlichen Rechte. Allein seine Einwirkung ist weder mit irgend welcher Sicherheit nachzuweisen, noch ist sie zur Erklärung des in den zwölf Artikeln herrschenden Schriftverständnisses nötig. Unzählige Teilnehmer des geheimen Bündnisses von 1517 lebten noch, die Wiederaufnahme der alten Ideen war daher ganz natürlich Noch dazu mußte in der Zeit der gewaltigen religiösen Erregung das Schlagwort eines göttlichen Rechtes von doppelter Wirkung sein, und eine bessere Grundlage des Revolutionsprogramms, das sich nicht nur gegen einzelne Mißstände kehrte, sondern einen ganzen Stand zum Aufruhr rufen sollte, war gar nicht zu finden.

Mag also das religiöse Element in die ursprünglich sociale Revolution von 1525 hineingetragen sein, von wem es wolle. — Jedenfalls ist es unzweifelhaft, daß der Verfasser der zwölf Artikel den Gedanken vertritt, dem Menschen im allgemeinen und dem Christen im besonderen seien von Gott selbst eine Reihe unveräußerlicher socialer Grundrechte zuerteilt, und die Schrift sei die Urkunde, die diese Rechte den Kindern Gottes verbrieft. Das ist aber eben die Anschauung des evangelischen Radikalismus,

---

Vergl. hierzu ferner: Cornelius, Studien z. Gesch. d. Bkr. 10. — Stern, Über die XII Art. führt eine Stelle der Histor. silvae nigrae (II, 316) an, wonach die Bauern es im Anfang direkt ausgesprochen hätten, daß sie nicht um des Evangeliums sondern um ihrer Lasten willen aufgestanden seien. Vergl. Stern, 102. — Eine Ausnahme bilden die Klettgauer Artikel, die im Oktober oder November 1524 verfaßt sind und trotzdem schon vom „Evangelium" und „göttlichem Rechte" reden, Stern 104. —

und obgleich die Ausdrücke „Gerechtigkeit Gottes" oder „göttliches Recht" in den Artikeln selbst nicht vorkommen, trifft doch Luther den Nagel auf den Kopf, wenn er den Bauern vorwirft: „Ihr wollt nach dem göttlichen Rechte fahren."

Ganz wie ein Gesetzbuch wird denn auch die Schrift vom Artikelschreiber behandelt. Das geht aus den dem Texte beigefügten Marginalien deutlich hervor. Wo irgend ein Satz der Schrift der bäuerlichen Forderung günstig erscheint, wird er herangezogen, ohne jede Rücksicht auf den Zusammenhang. Am klarsten ist das zu erkennen bei den Schriftstellen, die dem III. Artikel beigegeben sind, hier sagt der Zusammenhang genau das Gegenteil von dem, was der Verfasser behauptet. So urteilt Luther mit vollem Recht über diese Marginalien: „Solche angezeigte Kapitel, so man sie durchliest, sagen nicht viel von euerm Vornehmen, sondern vielmehr das Widerspiel, daß man christlich leben und fahren soll," und an einer andern Stelle: „Es helfen euch nicht die Kapitel der Schrift, die euer Lügenprediger und falscher Prophet an den Rand geschmiert hat, sondern sind wider euch."

In dem allgemeinen Verständnis der heiligen Schrift und in der Anerkennung eines „göttlichen Rechtes" zeigt sich mithin eine Uebereinstimmung der zwölf Artikel mit der Weltanschauung des Radikalismus. Gehen wir vollends auf die einzelnen Forderungen des bäuerlichen Programmes ein, so wird diese Verwandtschaft noch viel schärfer hervortreten. Zuvor aber ist noch auf die Konsequenzen hinzuweisen, die sich aus dem „göttlichen Rechte" notwendig ergeben, und die in den Artikeln auch wirklich gezogen werden.

Für die Anhänger des göttlichen Rechtes war es die dringendste Frage, wie man sich denn nun den Feinden dieses „göttlichen Rechtes" gegenüber zu verhalten habe. Denn wenn auch in den Artikeln öfters die Hoffnung auf eine friedliche Verständigung ausgesprochen ist, so lebten doch natürlich die Bauern keineswegs der kindlichen Zuversicht, es werde alles ohne Widerstand der Herren abgehn. Tausende wurden durch die Gesetze des „göttlichen Rechtes" in ihren altererbten Rechten geschädigt und am meisten die, in deren Händen Macht und Geld lagen. Man mußte also gerade von den Regierenden energischen Widerstand befürchten.

Es braucht nun kaum noch besonders gesagt zu werden, daß die Bauern die Anwendung von Gewalt in Sachen ihres „göttlichen Rechtes" für gerecht gehalten haben. Dazu waren sie eben mit den Waffen in der Hand zusammengetreten. Allein höchst interessant und charakteristisch ist es wieder, durch welche Gründe sie ihre Zusammenrottung entschuldigen, wie sie ihr Verhältnis zu der weltlichen Gewalt auffassen, und auf welcher Grundlage sie schließlich die Neuordnung der Gesellschaft regeln wollen. Was die Artikel in dieser Hinsicht aussagen, das steht in engster Verwandtschaft zu den Ideen des älteren und des gleichzeitigen Radikalismus.

II. Obrigkeit und Gemeinde.

Luther wirft in seiner „Ermahnung zum Frieden" den Bauern vor, daß ihre Artikel sich zum Teil selbst widersprächen. Denn wenn sie erst das Evangelium als die Lehre der Liebe und des Friedens definierten, so könnten sie doch unmöglich aus eben diesem Evangelium das Recht ihres Aufruhrs herleiten. Überhaupt sähe er gar nicht ein, warum sie sich gerade auf das Evangelium berufen wollten und nicht auf das natürliche menschliche Recht. „Ist doch kein Artikel da, der ein einziges Stück vom Evangelium lehrt, sondern alles ist dahin gerichtet, daß ihr euer Leib und Gut frei habt." Der in der That sonderbare Widerspruch ist nur dann verständlich, wenn wir die Aufstellung des evangelischen Princips in der Vorrede als das auffassen, was sie ist — ein rein äußerlicher Zusatz, der mit dem Geiste der folgenden Artikel in gar keiner innerlichen Verbindung steht. Gerade die socialen Forderungen, die nach Luthers Verständnis mit dem Evangelium gar nichts zu thun hatten, waren für den Verfasser der rechte eigentliche Inhalt des Evangeliums. Denn der Verfasser behauptet, es sei klar zu sehn, daß der Grund aller Artikel der Bauern — deren keiner doch etwas anderes enthält als wirtschaftliche Forderungen — „darauf gerichtet sei, das Evangelium zu hören und demgemäß zu leben. Sie rufen ängstlich darnach, nach Gottes Wort zu leben."

Von diesem Standpunkte aus ist es natürlich ein Leichtes, den Vorwurf des Aufruhrs abzuweisen, ja den Spieß geradezu herumzudrehn. Denn hiernach sind die Bauern die Vollstrecker des göttlichen Willens, ihr Evangelium ist das eigentliche, wahre natürliche Recht, das einzige, das in der Welt Gottes Anspruch auf Existenz und Geltung hat. An dieser Thatsache wird nichts dadurch geändert, daß dieses Recht lange Zeit in der Menschheit nichts gegolten hat, es hätte doch gelten sollen, und an seiner zeitweiligen Unterdrückung ist nur der Teufel schuld. So können nicht die Bauern aufrührerisch genannt werden, sondern ihre Gegner, die „wider solche Anmutung und Belehrung sich lehnen und aufbäumen" [1]).

Natürlich ist damit der Aufruhr der Bauern — der ja eigentlich gar keiner ist — „christlich" entschuldigt."

Dieser Betrachtungsweise liegen zwei Ideen zu Grunde, die ihren Ursprung direkt aus dem älteren und gleichzeitigen

---

[1]) Das scheint mir der Sinn der Stelle in der Einleitung zu sein, wo es heißt: Daß aber etliche Widerchristen und Feinde des Evangelii wider solche Anmutung und Begehrung sich lehnen und aufbäumen, ist das das Evangelium nicht Ursach, sondern der Teufel, der schädlichste Feind des Evangeliums, der solches durch den Unglauben in den Seinen erweckt, hiermit das Wort Gottes (so lieb, fried und einigkeit lehret) untergedrückt und weggenommen würde.

Radikalismus ableiten. Die eine dieser Ideen ist die Auffassung der Anhänger des göttlichen Rechtes als der allein wahren und echten Christen. Damit innerlich untrennbar verbunden ist die andere Idee, daß die Gemeine wahrer Christen die Anerkennung der bestehenden weltlichen Gewalten von der Stellung dieser Gewalten zum „göttlichen Recht" abhängig machen dürfe, und daß die christliche Gemeine ein Recht der Gehorsamsverweigerung, ja der Absetzung gegenüber einer „gottlosen" Obrigkeit habe.

Die Bezeichnung „Christliche Bruderschaft" oder „Christliche Vereinigung" kommt in den zwölf Artikeln nicht vor; sie findet sich in einer ganzen Reihe anderer Dokumente der bäuerlichen Bewegung von 1525 [1]). Trotzdem läßt sich leicht erkennen, daß der Verfasser die „Versammlung" der Bauernschaft als eine brüderliche Vereinigung der wahren Christen gegen die „Unchristen" auffaßt. Er vergleicht sie mit dem auserwählten Volke des Herrn im alten Bunde — wie dieses auf sein Schreien hin errettet worden wäre, so werde Gott auch heute noch „die Seinen" erretten. Es liegt im Plane Gottes, den Bauern zum Siege zu verhelfen. „Wer will den Willen Gottes tadeln? Wer will in sein Gerichte greifen? Ja wer will seiner Majestät widerstreben?" Ihnen gegenüber erscheinen die Feinde ihres Evangeliums als „Gottlose", als Widerchristen, ja als Angehörige des Teufels. Wer ihrem göttlichen Rechte nicht widerstrebt, mit dem wollen sie sich nach „brüderlicher Lieb" verständigen. Die brüderliche Liebe erscheint überhaupt als die Norm für die Neuregelung der gesellschaftlichen Ordnung. Selbst die Einsetzung des Abendmahls wird aufgefaßt als eine besondere Einschärfung des Gebotes, daß wir uns untereinander lieben sollen (Artikel III). Die Übereinstimmung

---

[1]) Vergl. vor allen die „Allgäuer Artikel," mitgeteilt von Cornelius, Stud. zu Gesch. des Bkr., 199. — Vergl auch v. Bezold, Gesch. d. deutschen Ref., 161.

dieser Auffassung mit der Lehre Hubmaiers und der fast wörtliche Anklang an eine Stelle seiner Schriften ist schon Stern aufgefallen¹). Aber auch Karlstadt faßt die Bedeutung des Abendmahls ganz in derselben Weise auf²). Mag also auch der Name einer christlichen Bruderschaft in dem Dokumente nicht vorkommen, die Idee einer solchen Vereinigung liegt dennoch den Artikeln zu Grunde. Hielten sich aber die Bauern ausschließlich für die wahren Christen und ihre Artikel für Gottes Willen, so mußte natürlich daraus folgen, daß sie keinem andern Gesetz gehorchen konnten als dem, das mit ihrem göttlichen Rechte übereinstimmte. Sie reden zwar noch von einer Obrigkeit, „die Gott uns gesetzet." neben der Obrigkeit, die sie sich selbst gewählt hatten, allein sie wollen ihr nur „in allen ziemlichen und christlichen Sachen gehorsam sein" (Artikel III). Wer sollte nun aber entscheiden, was „ziemlich und christlich" wäre? Doch ganz gewiß niemand anders als die „christliche Vereinigung" selbst, die Masse aller derer, die unter dem „göttlichen Rechte" leben. Niemandem anders als dem Volke oder der christlichen Gemeinde steht die Entscheidung zu, ob ein Gesetz oder Recht christlich sei, denn welche andere Autorität könnte sonst noch in Frage kom-

---

¹) Vergl. Stern, Über die 12 Artikel der Bauern, 111. Die Stelle steht in der Schrift: Ain Summ aines gantzen Christlichen Lebens ꝛc. und lautet: „Welcher mensch nu das nachtmahl Christi dermassen begeet und betracht das leyden Christi in ainem festen Glauben, derselb würdt auch Got umb dyse genad und guthayt dannksagen, sych in den willen Christi ergeben, der dann ist, wie er uns gethon hab, das wir auch also unserm nächsten thun sollen, und unser leyb, leben, gut und blut von desselben wegen darspannen." Übrigens genügt natürlich die Stelle des III. Bauern-Artikels nicht, um uns die Ansicht des Verfassers über das Abendmahl ganz deutlich zu machen. Auffällig bleibt aber doch ihre Ähnlichkeit mit den Theorien zweier gleichzeitigen Vertreter des Radikalismus.

²) Carlstadt: 1. Dialogus von einem greulichen Mißbrauch des Sakraments. — 2. Von dem Priesterthum und opffer Christi.

men? Es wird also hier, ohne daß der Grundsatz direkt ausgesprochen wird, die Souveränität der christlichen Gemeinde statuiert.

Die Idee, daß die Gewalt und Herrschaft nach Gottes Willen bei dem Volke Gottes sei, ist ein Grundgedanke des gesamten Radikalismus. Er liegt in der That jedem radikalen Programm des XV. Jahrhunderts zu Grunde. Mit besonderer Schärfe wird er von den böhmischen Taboriten ausgesprochen [1]), aber auch in der Hauptschrift des deutschen Taboritentums, der „Reformation des Kaisers Sigismund," ist er deutlich erkennbar. Die „gelehrten Weisen und Gewaltigen" erscheinen hier als die Gegner der „göttlichen Ordnung," und es wird der Masse der Kleinen, die als „edle freie Christen" „Gott anschreien um Hülfe und eine gute Ordnung," die Ausrottung dieser „Gottlosen" erlaubt, sogar geboten. Aber mit besonderer Offenheit und Kraft vertritt später diesen radikalen Gedanken der Mann, in dem überhaupt die Ideen des Taboritentums Fleisch und Blut geworden sind wie in keinem andern — Thomas Münzer [2]). Eine Obrigkeit erkennt Münzer überhaupt nur solange an, als sie Gottes Gebot nachkomme. In seiner „Schutzrede wider das geistlose Fleisch" sagt er: „Wie ich klärlich von

---

[1]) Vergl. Höfler I. 437. Auch bei Wicliff findet sich dieser Gedanke, wenn auch nicht in schroffer Form, denn er spricht der Gemeinde ein Recht der Korrektion gegenüber der Obrigkeit zu, falls dieselbe in Sünde verfalle.

[2]) Die Idee eines gewaltsamen Umsturzes der Verhältnisse zur Errichtung eines göttlichen Reiches auf Erden vertraten von den Täufern zu Anfang des XVI. Jahrhunderts nur Münzer und Hubmaier. Die andern erklären den Widerstand gegen die Gewalt für unchristlich, vergl. z. B. den Brief Grebels und der andern Züricher Täufer an Thom. Münzer, mitgeteilt von Cornelius, Gesch. d. Münsterischen Aufruhrs, II. Buch, S. 240—249. Von Ludwig Hetzer wissen wir, daß er sich zu den Aufständischen gehalten hat, doch fällt der Hauptteil seiner Wirksamkeit nach 1525. Aus seiner Schrift vor 1525 ist nichts zu ersehen.

den Fürsten ausbreitete, daß eine ganze Gemeinde Gewalt des Schwerts habe, wie auch den Schlüssel der Auflösung, und sagte vom Text Danielis VII, Apoc. IV und Romano XIII, I. Regum VIII, daß die Fürsten keine Herrn, sondern Diener des Schwerts seien, sie sollens nicht machen, wie es ihnen wohl gefallet, Deutro XVII, sie sollen recht thun." In dem Briefe — den er vor der Schlacht bei Frankenhausen an den „Bruder" Albrecht von Mansfeld schrieb, heißt es: Glaubstu, daß Gott der Herr sein unverständlich Volk nicht erregen könne, die Tyrannen abzusetzen in seinem Grimm? — Wiltu erkennen, Danielis VII, wie Gott die Gewalt der Gemeine gegeben hat, 2c.

Dieser Gedanke, der hier so unverhüllt ausgesprochen wird, liegt deutlich erkennbar auch den zwölf Artikeln zu Grunde. Es ist nicht einfach der Gedanke der Volkssouveränität nach natürlichem Recht, es ist der Gedanke der Souveränität des christlichen Volkes, der christlichen Gemeinde nach göttlichem oder christlichem Rechte. Dieser Gedanke aber ist entschieden täuferisch.

Die Bauern thun also recht, wenn sie sich empören. Der Aufruhr erscheint geradezu als ein Gericht über die Herren, die sich dem Willen der „christlichen Rotte" und damit dem Willen Gottes selbst widersetzen. Einigen Exemplaren der Artikel, die auf uns gekommen sind, ist denn auch der Spruch I. Petri 4 vorgedruckt: „Die zeyt ist hier, das anfahet das Gericht von dem hauß gottes." Auch die schwärmerische Zuversicht auf ein direktes Eingreifen Gottes, die sich in allen Münzerschen Schriften findet, fehlt den zwölf Artikeln nicht. „Hat er die Kinder Israel zu ihn schreiende erhört, aus der Hand Pharaonis erledigt, mag er nicht noch heute die Seinen erretten? Ja er wirds erretten und in einer Kürtz!" Diese einzige Stelle des Programms, die sich zu Kraft und Schwung erhebt, klingt wie ein Satz aus einer der Schriften des thüringischen Propheten; er liebte es, die aufstänbischen Bauern mit dem Gottesvolke des alten Bundes zu vergleichen, und wir haben keinen Grund zu bezweifeln, daß er wirklich auf eine sichtbare, wunderbare Hülfe des richtenden Gottes harrte. Er war der festen Meinung, der Herr werde kommen und die „Tyrannen zu Boden stoßen." Es ist echt täuferischer Chiliasmus, der an dieser Stelle der zwölf Artikel durchklingt ¹). —

Die Idee, daß die christliche Gemeinde die Gewalt habe, ist die Voraussetzung, von der die zwölf Artikel im allgemeinen ausgehe. Die einzelnen Artikel enthalten nun die einzelnen Rechtsforderungen, deren Summe das von der „christlichen Vereinigung" nach Maßgabe der heiligen Schrift festgesetzte göttliche Recht ist. Es ist im Folgenden zu zeigen, wie weit diese Einzelforderungen sich mit alten Forderungen des Radikalismus decken.

III. Die einzelnen Forderungen der zwölf Artikel.

Die zwölf Artikel beginnen mit der Forderung, daß eine ganze Gemeinde Macht haben solle, ihren Pfarrer selbst zu wählen und, „wenn er sich ungebührlich hielte," ihn wieder abzusetzen.

Dieser Gedanke ist ganz neu, er findet sich in keinem der älteren Bauernprogramme ²). Obwohl nun auch Münzer die freie Pfarrwahl fordert ³) und die Gemeinden der täuferischen Schwärmer — soweit sie überhaupt eines geist-

---

¹) Über den Inhalt der Münzerschen Predigt in Süddeutschland vergl. Stern S. 35, Anm. 4 und S. 45, Anm. 3.

²) Der Gedanke taucht zuerst in einem Flugblatt 1524 auf, vergl. Stern, S. 5, Anm. 3.

³) Über Münzers Ideen vergl. Stern, S. 113, Anm. 4. Darumb das das volk bye wael der prister zcu kyreme hinderstellig gelassen hat, ist nicht muglich geweft, das man solche vonn anbeginn solchs verseumens ein recht Concilium gehaltenn habe.

lichen Amtes bedürftig zu sein glaubten — dieses Recht
selbstverständlich ausübten, so können wir doch schwerlich
täuferischen Einfluß in der Aufstellung dieses Artikels fest=
stellen. Ebensowenig zeigt sich das in seiner Form und
Fassung. Wir haben vielmehr Ursache, die Aufstellung die=
ser Forderung dem Einflusse Luthers zuzuschreiben. Denn
wie oben erwähnt, hatte er über dieses Recht der christlichen
Gemeinde eine Schrift ausgehen lassen, die eine außerordent=
lich weite Verbreitung gefunden hatte [1]). Aber höchst charak=
teristisch ist es doch, welche Wandlung dieser lutherische Ge=
danke hier bei seiner Einfügung in das „göttliche Recht"
erlitten hat. Luther hatte die freie Pfarrwahl den Gemein=
den als eine Art Notrecht zugestanden. Nur wenn ihnen
die Obrigkeit keinen Geistlichen bestellte, der ihnen das Evan=
gelium lauter und rein verkündigte, sollten sie berechtigt sein
zur selbständigen Wahl eines evangelischen Seelsorgers. Im
ersten Artikel der Bauern dagegen ist von einer Obrigkeit
überhaupt nicht die Rede, ohne irgend welche Rücksichtnahme
auf althergebrachte Rechte der Obrigkeiten wird jeder christ=
lichen Einzelgemeinde als solcher das geistliche Wahlrecht
zugesprochen. Dieses eigenmächtige Vorgehen mußte Luthers
entschiedenen Widerspruch hervorrufen. Er verlangt denn
auch in seiner Besprechung des ersten Artikels, daß die Ge=
meinde zuerst ihren Pfarrer „demütig bitte von der Obrig=
keit." Will die Obrigkeit nicht, so kann sie einen eignen
wählen, aber dann muß sie ihm auch aus eignen Mitteln
den Unterhalt gewähren. Wenn die Güter der Pfarrei von
der Obrigkeit kommen, so hat die Gemeinde kein Recht auf
diese Güter, denn sie vergriffe sich dann an fremdem Eigen=
tum. Für Luther lag es besonders nahe, diesen Satz zu
betonen, denn in den sächsischen Gegenden, die er speziell

---

[1]) cf. Seite 96. Daß eine christliche Versammlung oder Gemeinde
Recht und Macht habe alle Lehre zu urteilen und Lehrer zu berufen,
ein und abzusetzen: Grund und Ursach aus der Schrift. 1523.

kannte, war das Kirchen- und Pfarrgut zumeist „von der Obrigkeit gekommen." Das Land um Wittenberg war altes deutsches Kolonistenland, der Grundherr hatte das Land unter die Kolonisten verteilt, der Kirche und Pfarrei ihre Äcker zugewiesen und auf die einzelnen Bauerngüter den Zehnten gelegt. Von ihm stammen also die Güter der Pfarrei, und ihm gehört der Zehnte. In den meisten süddeutschen Gebieten war dagegen dieses Patronatswesen unbekannt, das Land gehörte ursprünglich der Gemeinde, nicht einem Grundherrn, der Zehnte war der bestehenden Gemeinde mit der Einführung des Christentums von der Kirche auferlegt worden.

Im zweiten Artikel erklären nun die Bauern, der Zehnte solle auch fernerhin zum Unterhalte des Pfarrers verwendet werden, wenn auch nicht ausschließlich. Trotzdem nennt Luther diesen Artikel „eitel Strauchdieberei," und zwar von seinem Standpunkte aus mit vollem Recht, denn allerdings verfahren die Bauern hier, als ob sie Herren im Lande wären. Folgende Gedanken treten deutlich hervor:

Der Zehnte ist zwar im alten Testament geboten, da aber für uns das neue Testament maßgebend ist und dasselbe nichts davon weiß, so brauchen wir ihn eigentlich gar nicht zu geben. Thun wir es doch, so wollen wir ihn geben, wie es sich gebührt oder, wie es die heilige Schrift innehält. Erstens soll die Gemeinde das Recht haben, ihn durch ihre erwählten Organe selbst einzunehmen, und zweitens soll er verwendet werden nach „Erkenntnis einer Gemein." Er soll nicht nur dem Pfarrer, sondern nach Gottes Willen auch den Dürftigen zukommen, etwaige Überschüsse sollen behalten werden, „ob man reisen müßte von Lands not wegen, damit man keine Landsteuer dürfte auf den Armen anlegen." Wo nun jemand beweist, daß er oder seine Vorfahren den Zehnten von einem Dorfe erkauft habe, so soll er entschädigt werden; wer das nicht vermag, dem wird er einfach entzogen. Schließlich wird der kleine

Zehnte gänzlich abgelehnt, denn er ist „von Menschen er=
dicht," nicht in der Schrift begründet, daher „unziemlich" ¹).
Es ist merkwürdig, wie viele Anklänge an ältere radi=
kale Programme sich in dieser Gedankenreihe finden. Der
Gedanke, daß der Zehnte eine speciell alttestamentliche Ein=
richtung und für den Christen nicht geboten sei, findet sich
bereits in dem taboritischen Aufruf an die gesamte Christen=
heit von 1431. Auch ein zeitgenössischer Prophet des Ra=
dikalismus, Hubmaier, predigt: „daß man nicht schuldig sei,
zehenden, zins, gesell, gelait zu geben," ebenso wie schon
der ganz von radikalen Ideen getragene Bundschuh von
1501 und noch früher der von taboritischen Idealen erfüllte
Pauker von Niklashausen die Abschaffung der Zehnten ge=
fordert hatten. Und wie sehr klingt der Satz, daß die
Armen vom Zehnten mit erhalten werden sollen, an die
Lehre des Huß an, der den Klerus verpflichtet, seine sämt=
lichen Einnahmen außer für den eigenen Unterhalt zur
Unterstützung der Armen zu verwenden ²).

Immerhin zeigt sich in diesem Artikel das Bestreben,
an die im Laufe der Zeit gewordenen Verhältnisse anzu=
knüpfen, sich rechtlich mit ihnen auseinander zu setzen, was
z. B. aus dem Erbieten einer allmähligen Ablösung der
Abgaben hervorgeht. Im dritten Artikel dagegen wird ein
bestehendes Rechtsverhältnis einfach aufgehoben, die Leib=
eigenschaft. Mit Recht sieht Friedrich von Bezold in dieser
Forderung den „Mittelpunkt der bäuerlichen Wünsche" ³),
es ist der radikalste Gedanke des „göttlichen Rechtes," und
dieser Artikel allein würde die Popularität des Programmes
völlig erklären. Gerade für diesen Artikel hat man nun
das „Neue Evangelium" Luthers verantwortlich machen
wollen. Er sollte, wie ihm schon seine zeitgenössischen Geg=

---

¹) Diese Ablehnung des kleinen Zehnten findet sich vorher in kei=
nem Bauernprogramme.
²) Vergl. Zöllner, Zur Vorgeschichte des Bauernkrieges, S. 32 ff.
³) v. Bezold, Gesch. der deutschen Reformation, 472.

ner vorwarfen, eben jene auf Christi Erlösungsthat begründete allgemeine christliche Freiheit verkündigt haben, die Bauern hätten dann die Folgerungen aus seiner Lehre gezogen. Daran ist gewiß richtig, daß einzelne zerstreute Aussprüche Luthers so gedeutet werden können, als fasse er die christliche Freiheit nicht nur geistig auf. Dagegen ist hervorzuheben, daß sich gerade in seiner Schrift über die christliche Freiheit kein Satz findet, der diese Auffassung begünstigen könne.

Aber ebenso ist es gewiß, daß das Schlagwort von der christlichen Freiheit schon längst vor Luther vorhanden war, und gerade in der Schrift des XV. Jahrhunderts, die man für das Hauptwerk des deutschen Taboritentums halten darf — in der Reformation des Kaisers Sigismund. Und zwar findet sich dort nicht nur der Gedanke der leiblichen Freiheit kraft des christlichen Rechtes, sondern auch die Begründung dieses Gedankens durch das Opfer Jesu für alle Menschen, genau wie in den zwölf Artikeln. Es ist merkwürdig, welche Ähnlichkeit manche Stellen der „Reformation" mit der Fassung des III. Bauernartikels zeigen. In diesem heißt es, es erfinde sich in der Schrift, daß alle frei seien „angesehn, daß uns Christus alle mit seinem kostbarlichen Blutvergießen erlöset und erkauft hat, den Hirten gleich als den Höchsten, keinen ausgenommen." In der Reformation des Kaisers Sigismund giebt es eine Stelle, die folgendermaßen lautet: „Denn gedenke man, daß unser Herr Gott so schmerzlich mit seinem Tod und seinen Wunden durch unsern Willen williglich gelitten und gehabt hat, um des, daß er uns freiete und von allen Banden lösete und hierinnen niemant füro erhebt ist einer vor dem andern" — und ferner: „Merket, wer wollte wider sich selber sein und lieber eigen sein, denn frei? Christus Jesus hat aus väterlicher Weisheit diese Freiheit wohl der Menschheit zugesetzt"[1]). Von diesem Gedanken war Luther weit entfernt.

---

[1]) W. Boehm, Die Reform. des Kaisers Sigismund, 169. 206.

Ihm hieß das „chriſtliche Freiheit ganz fleiſchlich machen", und er bemühte ſich, die Leibeigenſchaft als eine göttliche Einrichtung aus der Schrift zu beweiſen. Wie er, dachten in dieſer Frage alle andern Reformatoren [1]).
Aus dem Inhalt der übrigen Artikel kann eine Einwirkung des Radikalismus nicht gefolgert werden. Die Forderungen des IV. und V. Artikels, daß die Jagd, die Fiſcherei und die Nutzung der Wälder frei ſein ſollen, ſind viel älteren Datums als der Radikalismus. Ranke führt ſie bis ins zehnte Jahrhundert zurück [2]). Sie ſind demnach nicht als beſonderes Eigentum des Radikalismus aufzufaſſen, auch wenn ſie ſich in den radikalen Revolutionsprogrammen finden [3]).

Faſſen wir die Ergebniſſe der vorangehenden Unterſuchung zum Schluß noch einmal zuſammen.

Die Idee, die dem ganzen Schriftſtücke zu Grunde liegt, iſt der Gedanke eines „göttlichen Rechtes," das heißt einer Summe von einzelnen ſocialen Rechten, die dem Chriſten als ſolchen nach Gottes Willen zukommen. Dieſe Rechte ſind aufgezeichnet in der heiligen Schrift, die chriſtliche Gemeinde hat das Recht, dieſe göttliche Ordnung den beſtehenden ungöttlichen Mächten zum Trotz mit Gewalt durchzuſetzen, denn Gott hat ihr die Gewalt gegeben.

---

[1]) Luther verteidigt die Leibeigenſchaft als chriſtliche Inſtitution ſowohl in ſeiner „Ermahnung auf die XII Artikel" als in einem Schreiben an den ſächſiſchen Ritter v. Einſiedel. Melanchthon will ſie ſogar noch verſchärft wiſſen.
[2]) Deutſche Geſch. im Zeitalter der Ref. II, 199.
[3]) Sie kommen in der That in faſt allen vor. Teils wird die Forderung für die Gemeinde, teils für jeden einzelnen aufgeſtellt. In letzterem Falle gründen ſie ſich immer auf die Schrift, wie ſchon im Taboritentum; fordern ſie die Rechte für die Gemeinde, ſo iſt vielleicht ein Zurückgreifen auf die alte Markverfaſſung anzunehmen. cf. Zöllner, S. 80 ff.

Wie diese Grundgedanken der Artikel sämmtlich mit den Sätzen des Radikalismus übereinstimmen, so weist das Dokument an einzelnen Stellen starke Anklänge an die Ideen des radikalen Täufertums auf, zum Beispiel in der chiliastischen Stelle der Vorrede und in der eigentümlichen Auffassung des Abendmahls im III. Artikel. Auch eine Reihe der bäuerlichen Einzelartikel zeigen Übereinstimmung mit den Forderungen älterer radikaler Programme.

Mag nun also die Artikel geschrieben haben wer da wolle — es kann auf jeden Fall nur ein Mann gewesen sein, der die Hauptideen des Radikalismus teilte. So bleibt denn Luthers Urteil zu Recht bestehn, der einen „rottischen Propheten" für den Verfasser erklärt, wenn auch die Autorschaft des bedeutendsten und konsequentesten radikalen Apostels der damaligen Zeit ausgeschlossen erscheint. Trotzdem muß man dem Reformator die furchtbare Heftigkeit, mit der er sich in seiner Schrift „Wider die mörderischen und räuberischen Rotten der Bauern" gegen den Aufruhr wandte, entschieden zum Vorwurf machen. Der Sache nach hatte er freilich recht, wenn er zur schnellen und kräftigen Unterdrückung der Revolution aufforderte. Aber das hatte er bereits in seiner „Ermahnung zum Frieden" gethan und zwar in der schärfsten, unzweideutigsten Weise. Zu dieser „wilden Predigt des Schwertes und Zornes" dagegen zwang ihn nichts, und hätte der Reformator auch nur eine geringe Einsicht von dem Anteil gehabt, den er selbst an der Erregung der Massen hatte, er hätte dieses Buch nie schreiben können. Aber weil ihm dieses Bewußtsein seltsamerweise gänzlich fehlte, ließ er sich von seiner Heftigkeit über jedes Maß hinaustreiben. Er fordert die Fürsten auf, die empörten Bauern tot zu schlagen wie tolle Hunde, zu stechen, würgen und schlagen wie man kann, und stellt als Lohn dafür das Himmelreich in Aussicht. Die wenigen Sätze, in denen er von Mitleid und Erbarmen gegen die Besiegten redet, treten dabei durchaus in den Hintergrund. Welch merkwürdige Verblendung lag doch darin, daß Luther es wagte, seine furchtbare Schrift damit zu entschuldigen, daß ihm Gott solches zu reden befohlen habe[1]). Darum — mag sein Haß gegen den Aufruf noch so ehrlich, seine ganze Haltung den Bauern gegenüber noch so unzweideutig sein — die Art, wie er seinen Kampf durchfocht, hinterläßt dennoch einen höchst unerfreulichen Eindruck. „Dämonisch" nannten die Feinde das Wesen des gewaltigen Mannes, und in der That trägt der Luther, wie er uns in den Jahren 1517—25 entgegentritt, wenig von den Zügen des gemütvollen, freundlich-ernsten Hausvaters, wie sich unser protestantisches Volk seinen Reformator vorzustellen liebt. Aber mögen wir auch oftmals seine Härte, seine ungebändigte Heftigkeit beklagen — seiner geschichtlichen Größe thun seine Schwächen keinen Abbruch und eine mildere Hand als die seine hätte es sicher nicht vermocht, die Übermacht der römischen Kirche in Deutschland zu zerstören.

---

[1] E. A. 59, 284. Ich Martin Luther habe im Aufruhr alle Bauern erschlagen, denn ich habe sie heißen totschlagen; ihr Blut ist auf meinem Hals. Aber ich weise es auf unsern Herrn Gott, der hat mir das zu reden befohlen.

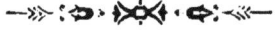

Vita.

Ich, Paul Friedrich Immanuel Schreckenbach, geboren am 6. November 1866 in Neumark bei Weimar, evangelisch-lutherischer Konfession, besuchte die Gymnasien zu Jena und Hildburghausen und erwarb mir auf dem letzteren das Maturitätszeugnis. Von Ostern 1888 bis Michaelis 1891 studierte ich in Halle und Marburg Theologie und hörte auf beiden Universitäten die Vorlesungen der Herren Prof. Prof. Dr. Dr. Achelis, Graf v. Baudissin, Beyschlag, Baethgen, Cohen, Dittenberger, Droysen, Ewald, Haym, Heinrici, Herrmann, Jülicher, Kantzsch, Köstlin, Lamprecht, Loofs, Mirbt, Schum, Wenck, Werner. Allen genannten Herren, insbesondere den Herren Professoren Herrmann, Jülicher, Lamprecht und Wenck fühle ich mich für die mir von ihnen gewährte Anregung und Förderung meiner Studien zu aufrichtigem Danke verpflichtet.